九三文学创作文库

亲密的抒情时代

海 惠

学苑出版社

图书在版编目（CIP）数据

亲密的抒情时代 / 海惠著 . —北京：学苑出版社，2017.4

（九三文学创作文库）

ISBN 978-7-5077-5184-0

Ⅰ. ①亲⋯　Ⅱ. ①海⋯　Ⅲ. ①诗集—中国—当代　Ⅳ. ① I227

中国版本图书馆 CIP 数据核字（2017）第 042213 号

出 版 人：	孟　白
责任编辑：	王见霞
摄　　影：	方　萍
出版发行：	学苑出版社
社　　址：	北京市丰台区南方庄2号院1号楼
邮政编码：	100079
网　　址：	www.book001.com
电子信箱：	xueyuanpress@163.com
联系电话：	010-67601101（营销部）、010-67603091（总编室）
经　　销：	全国新华书店
印 刷 厂：	北京信彩瑞禾印刷厂
开本尺寸：	880×1230　1/32
印　　张：	5.625
字　　数：	110千字
版　　次：	2017年5月第1版
印　　次：	2017年5月第1次印刷
定　　价：	18.00元

总 序

"九三文学创作文库"第一辑图书即将由学苑出版社出版,这个最初由社中央文化工作委员会提出的构想,在大家努力下,终于有了成果,可喜可贺。

黑龙江省有一位九三学社基层组织的负责同志,是文学爱好者,多次把他的作品通过电子邮件传给我,有散文,有诗歌,描述他在林场当知青的生活,对当今社会巨大进步的感受,还有他特殊的家世,深深打动了我。至今还记得其中的一篇散文,是写囿于深山老林的孤寂的生活,他收养了一条狗,终日为伴,后来他回城了,那条狗天天到路口等他,日夜守护着他留下的物品,终于抑郁而死。生命之间的情感流淌笔端,让我感动不已。当时我想,我们九三学社成员中应该还有不少像他那样的业余文学爱好者,如果能组织起来,相互交流,岂不乐乎?也能以此增强九三学社组织的凝聚力。在我的建议下,2013年9月一批社内作家和业余文学爱好者聚集江西南昌,举办了"家园记忆"主题文学笔会,共商如何活跃与繁荣九三学社文学创作,笔会还邀请了著名作家王安忆和梁晓声做了有关文学创作的讲座。2015年10月社中央文化工作委员会又与九三学社云南省委和四川省委共同举办了"一带一路南方丝绸之路云南行文学笔会",邀请了著名作家方方到会,除座谈交流外,还一起赴南方丝绸之路的"五尺道"采风。这样的活动，增强了全社范围内的文学氛围，活跃了社员的文学创作，最后促成了"九三文学创作文库"的出版。文库第一辑首先选择9位九三学社作家的作品，体裁多样，包括小说、散文、诗歌、随笔等。这9位作家，或为中国作协成员，或为全国性文学大奖的获得者，有长期从事文学创作的经历，具有较为丰富的写作经验和较强的创作实力，旨在为文库开一个好头，今后还将出版更多九三学社文学爱好者的优秀作品。

　　文学是人类文明殿堂里的瑰宝。好的文学作品能反映社会现实，映照人的灵魂，揭示真善美。经常阅读好的文学作品，能够丰富精神生活，滋润心田，陶冶情操，深化对人生、对生命、对社会的理解，所以我一直倡导我们九三学社的同志多读优秀文学作品。我曾经在社中央全会上以及多个场合，建议大家阅读陈忠实写的《白鹿原》。记得毛主席曾经说过，要了解中国封建社会，就去读《红楼梦》，我演绎了一下：要了解中国晚清到民国的社会，要了解中国近代农村，就去读《白鹿原》。近年来我读莫言的《蛙》、王蒙的《活动变人形》、王安忆的《长恨歌》与《启蒙时代》、贾平凹的《古炉》等，读每一期《新华文摘》转载的小说，都让我对人性与对中国社会有更深入的理解。我读刘慈欣的科幻小说《三体》，对天体物理有了从来没有过的了解和兴趣。总之，我体会到经常阅读好的文学作品，能开阔自己的视野，提升自己的境界，使自己深刻、高贵和优雅，面对纷乱浮躁的社会不至于迷失方向或放弃操守。

　　九三学社是以科技界为主体的参政党，但历史上也不乏在人文领域卓有建树的大家，比如红学家俞平伯，语言学家黎锦熙，国学大师刘文典、程千帆、游国恩，还有杨振声、李长之、魏建功、肖涤非、冯沅君、启功等，包括我们九三学社的创始人许德珩先生。此外，像梁希、潘菽、涂长望、茅以升、周培源、吴阶平、王选等许许多多出色的科学家，都具有深厚的文学功底和艺术修养，人文精神的滋养与他们的成才以及在科学技术方面取得重大成就有着密不可分的联系。

记得在"家园记忆"文学笔会上有一位同志提出"九三人要有一颗文学的心"，我深以为然。希望全社更加关注文学，大家读更多的优秀文学著作，也特别希望我们九三学社的文学爱好者能写出更多有思想、有筋骨、有温度、有想象力和创造力的优秀作品。祝愿"九三文学创作文库"办得越来越好，成长为九三学社家园里枝叶茂盛的美丽奇葩。

韩启德
2016年11月19日

目 录
Contents

第一章 爱慕

亲密的抒情时代 …………………………………… 3
    一、海水 ………………………………………… 3
    二、摆渡 ………………………………………… 5
    三、音乐的形体 ………………………………… 6
    四、泅之旅 ……………………………………… 7
    五、原野和光影 ………………………………… 8
    六、幻想之手 …………………………………… 9
    七、离开的岸 ………………………………… 11
    八、冬日的思绪 ……………………………… 13
    九、缅怀 ……………………………………… 15
    十、永远的影 ………………………………… 17

风吹过的时间 …………………………………… 19
    一 ……………………………………………… 19
    二 ……………………………………………… 20
    三 ……………………………………………… 21

四	22
五	24
六	25
七	27
八	28
九	29
十	30
十一	31
十二	32
十三	34
十四	35
十五	36
十六	37
十七	38
十八	39
十九	40
二十	41
二十一	42
二十二	43
二十三	44
二十四	45
二十五	46
二十六	47
二十七	49

二十八 · 50

二十九 · 51

三十 · 52

三十一 · 53

三十二 · 54

三十三 · 55

三十四 · 56

三十五 · 57

三十六 · 58

伏在夜晕中的年华 · 60

一 · 60

二 · 61

三 · 62

四 · 63

五 · 64

六 · 65

第二章　倾诉

遥远的八月 · 69

我多想 · 71

黄昏之旅 · 73

远恋 · 75

一张照片，一种虚无爱情 · 77

赠人（二首） ················· 81
 想你时
  ——给海男 ················· 81
  给海三妹 ················· 82
诗和他 ················· 84
  一 ················· 84
  二 ················· 85
最后一次永留的形体
  ——致 H ················· 87
  一 ················· 87
  二 ················· 88
  三 ················· 89
  四 ················· 90
  五 ················· 91
黄昏中的 H ················· 92
喜多郎音乐和一个人 ················· 94
抒情时代 ················· 95
  一 ················· 95
  二 ················· 96
来临与滋长 ················· 97
白色湖 ················· 99
  一、浮光苍苍 ················· 99
  二、退回的声音 ················· 100
  三、持续的暗流 ················· 101

四、梦的颜色…………………………………………103

五、永远的白色湖……………………………………104

第三章　游离之诗

赤道（黄河系列组诗）

——谨献给我们的探索………………………………107

一、遥别………………………………………………107

二、祭礼………………………………………………109

三、躁鸣………………………………………………111

四、旷影………………………………………………112

五、幻源………………………………………………113

六、遥情………………………………………………115

七、帐房………………………………………………117

八、界碑………………………………………………119

九、诗人………………………………………………121

十、女笛………………………………………………123

十一、醉魂……………………………………………126

十二、荒原壁…………………………………………129

十三、原始之境………………………………………131

十四、旷世迷茫………………………………………133

造化背景

——《高更月亮与大地》《原始之诗》与《自画像》……135

一………………………………………………………135

二 ································· 137
　　三 ································· 138
新赤道（三章） ······················· 140
　　夜悟 ······························· 140
　　独韵 ······························· 142
　　久违的浪 ··························· 144
旅程（组诗） ························· 146
　　一 ································· 146
　　二 ································· 148
　　三 ································· 150
　　四 ································· 152
　　五 ································· 154
　　六 ································· 156
　　七 ································· 158
　　八 ································· 160
红潮 ································· 162

第一章
爱 慕

亲密的抒情时代

一、海水

永远无法深入的一种梦境　由远而近的吟响
蓝色慧光扫过涤荡倾覆的沙地
形象的影　像夕光一样升起又消隐
出现　出现　缓缓挣扎的躯体融化了阳光
和遥远光簇下抚摸童年记忆的红房
合着晨光　一起淌过平静光滑的纹身
诱惑以款款的步履接近那片岛屿
这是处女山　丛生的浪尖叫醒了天空
以及天空下伴随海鸟一齐舞蹈的云絮
海盗一般的影　出现又消失
长久地巡迴过深渊的腹地　以冷冽之光
让白昼留下昏昏欲睡的暗示
飘摇的帆驶过群山投射的倒影
拂过伴随海盗一齐消失的海韵
扑面而来　幻想犹如翅膀　扇动着无边空旷

亲密的抒情时代

旋转着歌声　草滩和花园
以及回声一起升起的迷雾
命运使落在水面上的心灵　敞开或者关闭
海盗再次出现　出现　在强光中
他的身影统领着一片岛屿

二、摆渡

你就是那个水手么　那个在风暴的夜中
消失过很长时间　最后在晨辉的照耀下
爬上岸来的水手么
是那个用手臂掀起过黑色光轮　把那个
渺小而博大的女人从深渊中拯救出来
最后又放入深渊的水手么
你似乎是那个行游过浪花的故土
被幻想击倒的男子　或是那个被画面上
童话的房屋、月光和树影掠走过的水手
你无数次挥洒过的晨曦　在梦中　还是海上
还是永远没有终止　你会厌倦海水么
像厌倦那些蜷缩的阴郁和无声的寒冷
在漫长无尽的航行中　你果断的行动
都不会离开海的躯怀么
在汹涌激荡的海面上　你就是那个
让海波哭泣过　欢笑过　执迷不悟地
幻想过的水手么

三、音乐的形体

来了　打开那道门　那道任时间
随意关闭的门　流淌着翅膀的喋血
和香草环绕的梦中乐园　紫色的球体
那星星点点散布着水果香的绿叶
循着空气的昭示　所有的面目都在走远
呼吸铺过无限延伸的平地　在辉煌的灵气中
你要静静皈依房间布置的流动
并让神思留住想象包容的所有瞬间
轻轻行走　在漫长的河谷
缤纷的夏季　火光和鲜花编织过的夜晚
仿佛在游移的伤感中淡淡升起的睡意
和忧郁的诗歌一起汇进河流
躺着和流逝的地方变成记忆的一部分
意识到暮色中轻轻扫过的神意
它走过的声音似梦境中隐约闪现的慧光
祈祷在意识飘过的河畔
重新升起水上花园

四、泗之旅

看金色胴体静静伫立在飓风的圆面上
黄昏徐徐走来　朝圣的花瓣　那洒落
在遥远路边的种子　凝固成形体
火山在熔化　金属和森林在交相敲打
视野跃过起伏不平的奥秘　把浑然一体
的黑夜穿透　海呀海　像天堂与冥界
疏通了血液　缓缓流入渊源中
那些诞生植物和花朵的潮水
冰块一样以特殊的方式　融入智慧
当感觉悄悄上岸　美丽的触角残留在沉寂中
销魂的挑衅酷似远古的战争
偶然察觉灵魂在淋漓血液中备受洗炼
你就是那个在迷离的烟雾中等待阳光和风
在辽远的河岸上注目夕辉漂泊的旅人
等待着红光在黎明再次闪跃
海水重新汹涌

五、原野和光影

那些纯净过星光和月亮的时辰
海上飘来的风停留在这里　　那让
夏天疯狂　　冬天冷冽的宿地　　长鸣着
绿色植物喧嚣　　辽阔广远的处所
无数游吟的夜晚款款走来　　那是抒情时代
把记忆的韶光强劲地吹落
让情侣和幻影迅疾地消失
就在那里　　在透着自然柔光的窗户中孤芳自赏
所有的征服被时光的背影埋葬
越过红玻璃和爬满常春藤的墙壁
某种思想在收入眼底的风景中撞碎
意识到阳光哽咽的声音　　跳动着死亡之光
这是魔力之所　　逃亡和颤抖之所
像时光和树叶一样备受抛弃
却又永远追忆　　在夜色弥漫的某一天
福地长鸣着声音和歌唱

六、幻想之手

触抚过海水无边深幽的阴影
最后回到这里　那让少女和魔鬼饱含忧郁
让帝王和语言通体震颤的黄金殿宇
它辐射的方向满布着雷鸣
每一道隐约铺展的纹路都预示着歌唱
为白昼和夜晚所无法容纳
呼吸和自由所难以诠释的歌唱
像水一样柔软　缓缓流过的部位
让音乐丢失了翅膀　阳光遗落了芳香
而希冀像海浪一样吼叫　跨越过
青春　灵气和所有残酷的戒律
以及风暴夜那些不知名的战争
如此弱小的力量呀
如此迅速的释放
只在夏天　就耗尽了智慧　那破损的墙
无数的花朵斑斓着泪光

亲密的抒情时代

同时　那和雾蔓一起漂泊的地图
圣洁　宁静地伏在声音的内部
以另一种方式　寻找与梦幻相同的星辰

七、离开的岸

当荒原和陆地忧伤地躺在海洋的深处

当季节鞭打　黑夜以不可预示的力量

泯灭着光亮　幻想充填了海湾

阻止了漫长遥远的笑声

站在石头无法填充的海堤

海妖吞吐着海沫

深深的脚印隐入蔚蓝的海底

难以包容的形象快速地沉浮

丰满的羽翼撕绞着古老的风琴

那精心挖掘的梦想胡乱飞舞

海在流逝　海在流逝　夏天的躯体

倾泻出宁静　幽秘的灵感

海呀海　它像历史一样挥发过死亡的一章

游动着睡眠　美丽的创痛

那些植物的名字　风化的形体

以及玫瑰和紫罗兰沐浴过的乳峰

亲密的抒情时代

坚挺　茂盛　沸腾着无限活力的黑色密林
这一切都远远地拉开　海呀海
它汹涌的姿势　凝固成形象的礁石
在燃烧的末日交叠成倒影

八、冬日的思绪

你哟　年轻　神秘的海盗

以你蔚蓝的生命充填过我的视野

冬天的歌喉　那为记忆鸣唱

那让雨水滴落　星星般爱抚的光辉

没有一种形象的岛酷似你的海域

以强烈的日光和我的浪花冲撞

你注目我遥远的智慧　比夏夜和太阳更加深远

你是火　悄悄地在我的身旁焚烧　短暂地

隐身进我的深渊　同时　带着无声的阴影

把我幻想的时光冲碎

你哟　高贵　遥远的海盗

在陌生的海底散布着你的思想

以隐现的方式蒸发出我的想象

水和歌　那诗界的晨曦　你捕捉我

刺激的方式　梦境摇曳的方式

亲密的抒情时代

迷失以及颤动的方式　在海边

寒冷的言语中　让我建筑与海洋

同样孤傲和辉煌的宫殿

九、缅怀

而你就是那个水手么　那个在赤裸的夏夜

在金色的睡眠中游上岸来的水手么

那个平静地经历着海洋的风暴

在绿流滚滚的午夜饱含寥廓太空的冥思

把星星的忧郁镀上宇宙的银光

为少女和所有理想干涸了的隘口

那些属于流云和天空　隐蔽的水草

和裹着非凡巨流的黎明挥洒着

缪斯之光　神灵之光的水手么

是那个悄悄地隐身于阴云的背后

瞭望着迷雾在音乐的流动中敞开

让古老的三角帆自由地行驶　星星在

辽阔的智慧里敲打出风景

南风轻盈地鼓翼着优美的灵感

你　是那个水手么　最终

亲密的抒情时代

选择逃离的方式　让海水独自畅想

言语和歌声在荒野中徘徊

让无边的潮在偶然的夜中轻轻碰撞

缥缈向深沉　遥远的海域

十、永远的影

感受着海在辽远的时光中深深的召唤

幻想的时辰长久地关闭　唯有黄昏淹没的影

镌刻在事物的某处　毁灭和创造

创造和毁灭　从此　从此

是谁为我招徕秘密　纤细的灵魂

谁将引领我横贯苍穹的方向

谁正主宰暮云和夕辉的旅程

象征的岛　游动着疯狂而又古怪的船

海水出现又消失　幻觉的沙滩上

海盗以幻想之手扫过原野和光影

冬日游离的思绪像创造者燃烧的面孔

音乐汩汩地塑造着太阳的形体

神圣的影　伫留在时间的内部

面对海涛默默凝视的眼神

把甘泉和圣水倾入迷宫

并在无数个久违的黄昏中

亲密的抒情时代

宁静地深入海的内部
等待海妖埋葬的才华　一次次
爆发出火花　一次次
在海的离去中　找到永恒
那是奇妙的方式　海水泅游的方式
从此　从此　那是——
虚无之境

风吹过的时间

一

风景的东西要跑出去　帝王进来
时间和风声进来　带进冬天里
销毁了的大海的蓝光
一任梦境暗示的路线
让慧光和哑语闪过黑夜
姊妹要绕过大大小小的树林
河边的草苇弥漫过的季节
穿过小巷　围墙的天空升缩进记忆
在另一面　裸露在晨气中的房屋
那儿是时间停止过的一个瞬间
是红光挥洒过的潮汐
姊妹要停下来　姊妹要停下去
在一个没有声音的地方
想象翅膀　花圃和宫殿

亲密的抒情时代

二

设想爱情的手臂流星一样抓住了黑夜
躲避了那个人群中的幽灵
像沙漠一样灼烧过的面孔
开始宁静地躲在南方深绿的草丛
田野是浸润伤口的地方
田野的变化像历史一样久远
在绿浪飘过窗口的时候
房间正开始变化　梦境正沿着
那预期的线索进行
只是那昭示的父亲没有来
命运的砝码没有开始隐现
我记得那个梦从我的身边走过
起初是在白昼　在一个人的后面
现在开始发生在我的全身
我希望这种方式　一直延续下去
这个发生在我周身的梦境

三

失去光亮的夜在黄昏消失时沉寂

远处环绕白色的晕圈

那是城市　显示着这片田园幽雅的命运

和命运中清冽的呼吸

田园失去光亮　变成一座巨大的迷宫

空气在宫中停止运行

于是我关上所有的门

在这片被黑色笼罩的区域

祈祷我工作的方向

爱情的结局和那些

意识设计的悲壮场面

最后是一幕秘密走下去的

沉默的故事

亲密的抒情时代

四

每一个进行下去的符号
都经过我幽秘的古井
我感觉某种冲动在夜中把我惊醒
幻想在末日的岸边等待
那些符号将传递出去
带着我消失已久的潮动
那些停留漫长季节的水
它那阻滞了的颜色
多么酷似这一年气候的面孔
同时　我那目睹各种事件的眼睛
多么希望上帝的沉默引领
循着他长长的影子走去
倾听到水流的响动　花园的暗示
和无数的祝词中
关于理想主义的字眼

第一章 爱慕·风吹过的时间

五

秋风吹袭　心灵第一次遭受苦役
风吹裂了我的思维　我拼命断想
什么时候拥有过亲人　绿叶的香气
像霞光一样闪耀过的歌喉
在田洼和河流的故乡
各种古战场中巡游过的迹象
那是我诞生在阳光中的幻想
像蹦跳的小动物最后的命运
最深深的一击来自对白昼的恐惧
那荒凉的坟茔是一种秘密
在秘密中幻想走过时间隧道
或止息　像黑夜一样奔跑
像被什么东西追赶一样
那忧郁的紫色开始弥漫童年

六

夏天的最后一支水谣　它去哪里了

跟着自然去冒险　黄昏的陷落

鱼群浮游在死海　我的预言

早已跟随在帝王的身边

跟着自然去冒险

我看见昏晕的鱼儿

接受阳光时悲惨的一幕

地壳缓缓暗示　我感觉我的手

触到了爱情稚嫩的豁口

穿过了几道弯　我不知道何时

夏天的最后一支水谣

它将去哪里歌吟

亲密的抒情时代

七

时间开始引起悠长的漫想

属于房间的东西

像阳光朗照绿色植物一样

所有的光藏进阴影中

什么时候阴影变成黑暗中的一朵鲜花

什么时候看不见了嘴唇的颜色

什么时候幻想迷离在另一种幻想中

这一切被房间囊括

而那消失了的形象

再次出现在窗户外边时

房间开始沉默

记忆和时间都在沉默

那些延伸出去的东西

毫无休止地依旧延伸

八

那些幻想的女人

被时间和痛苦感化过的女人

她们住在没有风景的房间

她们的身影就是一种风景

她们晾晒着各式冬天的长裙

从幽静的走廊上穿过

保存着那组自己设计的镜框

并在上面留下神秘的踪影

她们平静的眼神

犹如风划过冬天的星空

在香草和石头的故乡

她们采集的植物

放在床头　季节飞逝

颜色却依然如初

如同房间女人身上固有的气息

九

冬天掀起某种图案

蓝色飘动在中午的宁静中

某个面孔　在门后的吆光中隐现

消失　进而逃避了夜的喧扰

各种名字　山脉　草原

和荒野中产生白雪的摇篮

油亮的夏天产物　统统隐去

初恋和女人都被埋葬

剩下那些遗落在角落中

变换着颜色的布片

焚烧过的字眼

和一生中　唯一能够闪现的

梦中长发

亲密的抒情时代

十

被谁占有　被什么拥有
在麦穗和夜风弥漫的故乡
辨别过什么　留恋过什么
命运摆布时面对的沉默
早期的憧憬黄昏一样来临
那种暗示　被疯狂领会
被声音和面孔领会
就那样　被谁占有
被什么拥有　唯一的记忆
被意识长久维护
那是内心的法则　经受着敲打
流动停息　依旧散发着气体
只因为　被谁占有
被什么拥有　已成为
环绕内心的阴影　或阳光

十一

我开始害怕预感

那夜里陪伴我的幻觉

看着闪耀在眼前无法追悔的十字架

上帝和诗句同样神圣

自救的方式　将在哪里

我看见　我夏日的家园里住满了女人

全都智慧　动情　古怪而苦难

全都神经质地沉浸在迷蒙中

我们的抒情时代

我担心那夜晚的谋杀　毫无根据

我祈祷着别人的乐园

自己却远离了命运

把无数的激情升起来

我看着我　开始惶恐不安

思念和冲动失去了理由

这是一个无法靠近纸牌和手纹的夏天

十二

无声的夜晚叫我　留下来

留给春天最优美的果子

黄昏叫我留下来

留到一场婚礼

在童年的歌谣中摇晃

留到我成熟的水田　我抒情的青麦重生

留到我的初恋　和五岁时有联系

留到时光的箭簇　把我从此射中

留到美和思念

从此被原始的回归感动

留到我不再漫无边际地漂流

留到我把洁白的屋宇

种满了宁静　和平的种子

和那上面映射的　上帝的影子

第一章 爱慕·风吹过的时间

十三

美丽的田园学校　在无声的日子里
黑夜创造人的内心　我们进行着
我们经验的大门敞开　把曾经
有过的记忆洗涤一遍　伤感
永远无法拯救的产物
面对那无法选择的青春
是什么　轻轻地走入我的矛盾中
习惯我的阴晴变换的房子
又是什么　让我回忆着销声匿迹
我的朋友潇洒地走了
他曾是我梦色城市中
我背后的影子

十四

我已习惯了冥界　缥缈的黑色幽灵
那肉欲编织的纯净　指向哪里
我一生都在祭奠　那为爱殉葬的人
梦幻的白色人类
树枝在深暗的迷宫里衍生
疲惫的灵魂呀　你走近
带着死亡的最后号角
被人间遗弃的种子　在这片
为神灵收留的峡谷里
这是悠远的对话
消灭了尘世中那号哭的明朗
这是上升的最后美酒
连同我飘拂的衣襟
一齐靠近炼狱

十五

海在消失　我伤感的海
曾经充满撞击力的天空
颠簸流亡的尝试　海在消失
我们制造的美丽　在沙漠
一切都是为着一个影像
是什么　使我变得这么胆怯
无所依托　颤抖着走过人群和白昼
和我有关的人　音乐鸣响的方式
我试过不同样式的花布服装
幻想流畅地进入深夜
没有曲名的音阶　划过我
额际的石头

十六

想起山林　共同的一种许诺

在上帝强大的手掌下庄重地衍生

循着年代的启示　爱情变换着面孔

恋人　你要我怎样泅游你感情的海湾

怀疑以它粉碎的姿势在前面显示

而我　我用我独特的方式

向着你的岸边招摇

并领会你不衰的神气和呼吸

我没有了解你　穿透你

我们在天堂的另一处地方

凭无声散布的命运之雨

独自敲打　撞击　坠入迷津

一切都是危险而又亢奋的火种

却无悔地面对着宿命的冲击

十七

所有的过去　它的停立的背影
像苍白天空的一朵花
点缀失去了应有的醉意
游历着　记忆埋没的无边沙漠
我唯一握有你的智慧
你年轻而随意的内心的暗河
而海水深沉　怀念似你不灭的野心
弥漫开去　揭去飞逝而过的意识之网
更多的时候　由于经历广袤无际
纷纭的浪花无法栖息
插进去　从三月的流云开始
默默注目你神秘的方向
拥有或者远离　都成为时间
无法回答的忠实的诱惑

十八

我从那儿走进去

迅速地穿过了某种缘分

在青山垂首俯视

寻找土地累积的皱纹

随着发现和再度尝试

人的形象　像山峦那样重合

并游弋在似曾相识的走廊

灯光隐灭　摸索的身影

走进了一道门　小心地对待任何伤害

我们曾经疲惫过的幻想

像水一样拭去痕迹

对于零乱的天赋和处境

怀念并珍惜　和按照古老的方式

在很多时候　景仰精神的实质

守住梦　守住那些

赖以存在的幽光和倒影

亲密的抒情时代

十九

当然还有很多　无法言语的秘密
那埋藏在感觉和视觉中的裂口
还有很多　夏夜和星光都无法破译的矛盾
像雪水一样分割着浪花的亲吻
我们生活的时代　我们十分重视
耐以想象的危险和折磨
我们就走在那个圆形的栅栏
无数棘手的事件纷繁而来
影响着爱情　花季和情绪
沙一般的小船动荡迷离
还有很多　不愿控制的梦想
制造着分裂　放弃着美好和神圣
把我们青山的情感揉碎

二十

我们曾经走过了陆地　森林

飘飞的草叶还在身边缠绕

野花伴随我走向了天际

紫流翻滚　浓厚的色块

这是在荒原　还是海滩

层层加深的紫色　蓝色　无数混合色块

隐生的白色边缘

我被吹向这里

我的原始之梦诗一般展开

世界消失了

这是唯一能够容纳我的

我那褐色肢体变换着光泽

这残美的宿地

是我的再生之地

我会变成美人鱼

重生梦幻之国的伊甸园

二十一

那么　从浑浊之域挣脱的你
自由地走来　地球的面目
已成为远古的过去
彼岸微露曙光　我看到了自己
红光中的倒影
大河　有一个女王走入我的尽头
俾德丽彩　俾德丽彩
我曾经为她耗尽了智慧　精神一度衰竭
无数的黑洞　像一场迷梦
引领我度过陌生的季节
悲惨的大海　我永生的幻象之海
俾德丽彩　俾德丽彩
我精灵的双翼透过她奇美的象征
静静地跪首俯望

二十二

回过头来　盘缠的香草
那交叉的枝根已是历历在目
野生的橡树　把我的肢体和影子
映照得斑斑驳驳
无边巨大的黑暗　考验我
连同我的欲望　一齐带进未知之域
回过头来　那是我曾经光辉过的白昼
如今我形影孤单　陷在草丛中
朝圣者和帝王的声音
彻底消失的阳光使我恐惧
回过头来　怀念人间的最后一抹星辰
而后　跟着神的旨意

二十三

红壳鸟挣扎地飞上山顶
在墓地　森林和草场
各种植物疯狂地生长
红壳鸟不知道家园和母亲
忘记了各种方式通向的归程
以及爱情　缘分和翅膀
所有可爱的东西都展现了
天空要分割时间的手臂
风要流走没有意义的思想
连空气　也在横冲直撞
这样　红壳鸟纤弱的身影
快要在幻想中消失了　消失了

二十四

我忘记了那是夏天

蓝天挣断了所有的枷锁

忘记了那是热恋的季节

我召集了所有的游云

她们飘浮的命运　重又在那

远方的小屋喃喃地叙说

过去的情侣都已消失

我们在一起　时光烙下的痕迹

简单得不再重复　我和恋人交换的目光

让我们的爱　静静地躺在花丛中

我每天都在寻找他陌生的面孔

预感逐渐化为泡影

这种全新的氛围　让我们在每次相会时

都抚摸着鲜润的花瓣

二十五

冬天来临的时候　我们各自逃避
像残雪那样伤害对方
且不回答脆弱的乞求
在另一种字体和另一个名字中
隐藏原来的那个自己
生怕邪恶　使我们丧失信心
使幻灭　触犯过去神圣的心境
可冬天　你那样悄悄地就带走了爱情
蓝色的幕布后面　闪过的一次幻景
到何时　去哪儿
寻找能够控制我的手臂
爱情的花园被荆棘缠绕
绝望生长在花丛中
冬天来临的时候　我就这样逃避

二十六

在青年时代最执迷的日子　亲爱的
一切都在考验你　在黄昏
灯光和暗影下　我们曾经制造过的错误
我们无法解释　无法犹豫的时刻
晃动过的美的错误　人们印象中的自我
曾随风飘摇　迷散在幻想中
我从一条相反道路的边缘通向你
小湖的深处荡漾的鱼鳞般的愿望
我们冷静穿梭过的森林
内心的摇篮　天空的随想
很多时候　我们改变自己
以情感能够承受的方式
最后　信仰成为复杂天气中
不可战胜的一部分　我们怀抱它
轻轻地穿过意识的深层

亲密的抒情时代

二十七

窗外的那片绿色　　它们要消隐
伴随音乐在埋葬肢体
要带给我短暂的苍凉和等待
然后　　从水田中生长绿荫
我想把爱情　　保留到冬天
难以忘怀的夏季　　它的炽烈
会灼烧我宿命的情感
在白蝴蝶围绕的田间
庄园正逐渐成行
我走出去　　走过界定的城墙和园囿
而后　　寻找守园人　　武士和射手
以及寒冷驱不走的幻想

亲密的抒情时代

二十八

爱情生长的季节　担心有同样的经历

同样不谋而合的性格　把远方的情思伤害

温柔的春天来临　选择日益古远

面对哲学高远的冥思　人就那样

轻轻地被降临到风的门口

被放逐　流亡或者停滞不前

或守住眼前不带色彩的走廊

带框架的透明窗户

在那个不受阳光照耀的正午

人群朝着我的宿地缓动

走进去　走到各种姿势和视觉之中

或坐在那儿　成为我一个时期的

生活之中　必不可少的一部分

二十九

贴近诗歌　这唯一的安慰
那些在远方担心我的人
放弃了他们的原野　牧歌
那些影子　在远方飘荡
抚摸着我的视线
那些体会我的血液在夜中阻绝
聆听青春永恒的信号的人
我们永远在告别
我们永远没有告别
家园　在绿色的意义上伫立
我们走了　诗歌日益神圣
最后的刺激　由于你
由于永远没有完结的情感
田园垂下帷幕　在夜晚降下紫流

亲密的抒情时代

三十

从此　在一间无边大的空间的环境中
更换形式　生存和梦想
躲开转移的视线和念头
从此　守候着古老的水田　稻麦和蚕豆
蓝天和旷野交接的空气
风翻卷的树叶和根
和一个个走动着的人们
早年的那个愿望　那个
男性般的愿望能实现么
语言的酷律紧随而来
超绝爱情和一切抒情的种子
我要平静下来　乖乖的
我要在田野的尽头　抓住那根血管
在它的尽头　乖乖地平静下来
用我自己的手　抚摸孤寂　思念
和一切跟诗有关的事情

三十一

我是那个沿着大河走向寒冷的人
一年一年在平静的山冈　在山冈冗长的田垄
倾听着父辈们埋藏无数年的秘密
那微微陷落的山庄　青山里密织的树叶
那里有独特的空气　犹如进入神龛
那里是诸神夜间汇合的地方
缥缈着梦境　统宰着万物之罪恶
和灿烂悠久的长眠
走下风景　我偶然流落到大街上
人流不像坟墓那样整齐和宁静
更没有青绿山上树叶那样飘摇
我突然难过起来
在这个夏天的中午　我突然难过起来

亲密的抒情时代

三十二

自由　我们心遨游的瞬间
鸽子至秋风中而来
回忆伴随着寒风陨落
我无法再保留那次爱情
我曾经想象过它的真谛　夏天的分量
已经太久太久　长虹消磨着最后的时辰
爱呀　你要把我带向哪里
我精心描拟过的一切
我亲手毁灭过的疯狂
而今　我要把你的花瓣系在我
长青的百叶窗上　保留你
我已不容许自己　轻易地把你抛弃
我寻找你不同我的任何一种情绪
我苦恋你犹如命运的血液
而不去疲惫地独自忧郁

三十三

那个夏天　红鸽子和疾病碰撞的夏天
那个夏天在消逝　灾难的面孔
抚着我无法预言的命运
我在黑暗中停下　那道门
是我永远忧伤的隐患
楼梯像箭一样粉碎了脚步
粉碎了那个夏天珍藏的梦境
夏天在流逝　所有与灾害有关的名字
都围着我的核心
夏天是一种危害我意识的井
让我每次不能自已地跳进去
那里的火焰　鲜血和雨水
都能血淋淋地把我撕碎
那个夏天　那个夏天在流逝

三十四

时光的自画像

由一片谷穗围绕

曾经闪耀过紫色光芒

秋天飞快过去　你面对哪一种生灵细语

像叶片一样平静而又尖锐的小路

从哪里来　躲藏到哪里

没有形状的创伤　没有在冬天的屋内进行

整天　我们在房间做着各自的姿势

我看着女人　情人的符号

在我们的额头上闪耀

我看透母亲的血型　我知道了风

导演战争的结果和前提

我已找不到　那条小路

和那片　忠贞的爱情

三十五

绿流起伏　边缘是冲刷成的血的色彩
笼罩了半个世纪的阴云
开始敞开面孔
鱼儿你不该漂流水面
光身子的男孩进去了
你要漂流到哪儿　随着潮汐
哪儿是你的家　白浪裹挟着你
自由的辉煌　你要漂流到哪儿
你回首　你整个地被大海包容
你的影子分明注进了海底
你忘记了爱人　黄昏包围了你
巨大的欲望向你涌来
你预感到　归宿的含义
美呀　你要被它征服了
你再也无法回到家园
这沐浴的圣体　别再沉沦

亲密的抒情时代

三十六

摸不透的阴影横隔在我们中间
白天像禽兽的眼睛　阻止人纯净的呼吸
是什么因素　在灰色的时刻渗透了家园
我们各自流连着　艺术味十足
害怕经历　感伤的元素
并跟随着各自不同的影子
梦幻也随着墙壁　传到了阳光
不易追忆的旅途
在阴影的流年中
女人们用各自的气息筑造着
爱情　虚无　诱惑的深井
以及冥玩的所有礼物
以此宣布她们的独立
她们长流了漫长季节的水
始终没有停息
面对着时光无法分解的忧伤

第一章 爱慕·风吹过的时间

回忆　短暂的东西是那样沉静
悄悄躺着的白纸和文字
在泥泞中　消失了歌喉

伏在夜晕中的年华

一

把位置
从窗口移到门边
在另一群积木的手纹上歌唱
让记忆在午夜时重新开始起落
我第一片偎依的墙壁
来自你的黑色童话
蓝色纸牌伫立的腋下
石径一般凸凹不平
我猜想你的伤痕
在没有树的月光下生长
秋天来临的时候
等待你的预言
和你流体一样蜷缩的黄昏潮

二

离别的时候

我会抚摸风景

你的北极光

在唯一的晚上跳动在我的夜阑

都走了　连同某种预言

都因为遥远而日益冰冷

并成为心驻留的孤岛

闪现春风悠远的唿哨

死亡驻足在另一片山冈上

凝视着天空洒落的网

到所有的夜都长满了荆棘

我会深深地理解你

你的漂泊的魂

你灰色的板块上

浮动着的愁云

亲密的抒情时代

三

借你的轻风发泄
行走日益渺小
看眼睛的信号
呼吸的灯
一种扭曲的面孔是爱在贫血
没有抓住一种声音
走向世界铮亮的耳膜
远远地亲吻缘分
在死亡的瑰丽东方
没有一个太阳
为我的肌肤照耀
我的金黄季节的神秘果
我的走廊的暗影
都因黄色昭示而各奔东西
并在无声运行的轨道中寻找上帝
白天的呜咽驾驭着灯
为一种宁静的命运照明

四

你　痛苦的手
抚摸我的年龄时
我胆怯地看着你
看你穿越我旅程的小站
带着微热的宁静
传送我心中的影
让那种虚无
或站成碑林
或在冬天的指尖上
靠呼吸一点点收拢
而后　重新开始遗忘
最后无声无息
永沉海底

亲密的抒情时代

五

倾听一种开始
高墙下没有迈步
让所有习惯于
夜中的面孔全部消隐
光亮中的空气散落在纸上
自然中的柔光谜一样扑泻
眼睛下面
一切能够引起回想的
都交给睡眠
所有的门充斥房间
惨白的石膏女神
躺在线条包围的阴影中
想一种渊源
明天将要发生
今晚有预感在祈祷
没有帝王的爱情

六

寂静在水中日益腐朽

深夜里有玻璃破碎的声音

伴着人影步入深处

路灯在拐角消失

在敲门时忘记了找谁

黑夜的手臂上有睡觉的影子

声音渐渐远去

爱情像月光一样

悬在楼梯口久久没有入睡

呼不出音乐　白色地板关着影子

在无声的墙壁下

我想象的任何一种进入

都开着门户

清醒的日子

等待流于时间的影像中

为一种方向嘶哑着情歌

第二章

倾　诉

遥远的八月

你的声音很美
低低地喑语时
仿佛我阴郁里的泪
跌落在静静的绿叶里

八月要飞走了
你说,八月要飞走了
而你失落了一个小小的童话
那不属于你的
也不属于任何人的蓝天的翅膀
在嵌下你印象的潮韵时
闭合了一片战栗的夕阳

轻轻地
轻轻地开启
让头沉入一片山脊的神经时
——再不懂得离开

亲密的抒情时代

深深地
深深地闭合
那原是你幽深的长湖
连跳动
也那样深远
远行的脚步消逝了
消逝了就只剩下梦幻的漂流瓶
可你本是海呀
在你弹力般跳跃的胸腹
原本也藏着白浪的轮廓

你的声音很美
留在八月美丽的灼痛中
依旧是那海的潮汐
收留了远方的雾霭

而静静的经历后
一切就再不回归
流亡的旅魂
是未知的岩崖上沉沉的记忆
哦，我的潮汐

我多想

我多想

每天每天地写诗

每一句话都是传递给你的音符

都是你影子交融的三弦梦

都是我呼出的真实的气息

我多想

每天每天走进你的诗行

在情感维系的空间

触悟你深长遥远的呼吸

伴我走出孤独的原野

伴我在疲惫时静静地敛合记忆

而觅拾那叶帆影

是多么的困难多么的沉重

多少次我无力地垂下酸涩的睫毛

在没有一双手臂握住我的冬天

我通红的手指只会蜷缩成夜里的雹体

亲密的抒情时代

我是多么渴望
整夜整夜地能写诗
因为诗里能跳出许多影子
伴我在黑夜的凝视中
嗅出月光花的芳香

我多么渴望
我的整个神经都沉浸在诗里
在我无法说出的时候
有人能听懂我的呓语
并且用眼睛注视我
用色彩点缀我的思维
很小很小的空间
我的心却轻松地舒展

我多么渴望
我梦中的影子都跳跃在诗里
一次次痛苦的邂逅
我把爱交给了夜莺的歌
交给了你一直延伸向我的
长长的诗之路

黄昏之旅

迷惑的帆影,使我走进了海
使我在海的潮汐中无声地垂涎
垂涎在没有理智的海噪中
瞑目的眼眶印染了最销魂的气息
涨满神经里最敏感的汁液

我接受,我奉与
我与我生命的烛光一齐放射
我与我不成熟的成熟一齐进行
我与我失堤的河坝一齐崩溃
我与我着魔的手掌一齐撑开
与我的脚步一齐走进那港湾的彼岸

迷惑的帆影,使我走进了海
那接踵而来的浪使我失去了桨
滚落于无数种跳动的色光中

亲密的抒情时代

不是为了祷词,是沉迷
是久闭的心经上猛烈的流淌

潮汐近了,近了
触痛了精髓的浪不再离开
远去的回声宣告了最后的梦旅
记忆离去离去一直离去
看着帆影驶入无涯的海之谷

我带走,我也消失,随着黄昏

远恋

想起你没有回音的夏天
和夹着红翅膀的晚云
蓦然回归那最初的风笛
走上漂泊的旅程
我知道，不管我怎样召唤
你依旧没有回声
你本该习惯一切的突然
把你大山般的沉默舒心地流放

静息你暮色的独影
想象那部落里灰色的群体
其实你一直在惦念晚山
不时也划过飘走的红帆
想过墙　延伸进黑暗的墙
在你无声的时候　其实你最疯狂
投影的光　忽隐忽现的长廊
我眷念你的白果树　日夜飒响

亲密的抒情时代

知道心将进入你的牧壤

空间将无尽地拉长

想走进你苦吟的树影

仍旧留下那沉默的三角帆

注视我　看穿我　收留我

梦幻的开始那积聚的狂潮

我想起你的白果树

依旧只有呢喃

一张照片,一种虚无爱情

在腾冲

在抗战纪念馆

时间在轻轻滞留

带着硝烟　死亡和军人的强烈气息

还有令我们感伤和缅怀的无数意象

在一张照片前　作家海男

在时光中屏息驻足

把那些消失了的记忆重现

孙立人　一个战争造就的将军

烽火照亮他迷朦的面孔

是的　那张面孔

他的青春般的精细

让想象重新像羽毛般生发

"我爱上了他"　海男说

亲密的抒情时代

"我彻底爱上了他……"
一个 60 多年前的化身
英俊　温情　像一个亲密爱人
像天空划过的金色流星
他的岁月般的诗意
让人的遐想越过时间的羁绊
他的激情　勇气和天赋
只有在战争中才能经受洗礼

而在那时
在那个宁静的纪念馆
陈列的物品似乎还散发当年的气息
"我爱上了他"
泪水越过沉寂
在另一角落
沉默的小戴
读懂了这虚无的爱情
后来的一天
他把孙立人的照片和文字
交到海男的手中
"他，是我下半生的爱情"

世界显然在消亡　沉落

在遗忘中散失理想和纯美

"他身上有 13 处弹孔

现在的男人没有伤痕"

虚无重又归入寂静

在寂静中展示命运的玄奥

和生生息息的美丽瞬间

一个遥远的化身

对于战事　地图和瞬息万变的战场

他曾经明察秋毫

他习惯死亡

像苍鹰飞翔过天空和废墟

他抒情的身影

使战争赋予残酷的诗意

美就那样迎面而来

带着无以伦比的忧伤的光芒

带着子弹非凡的时代印证

从此　灵感的翅羽

伴随虚无的爱情的时光

亲密的抒情时代

穿透战争苦难的面孔
让高山　城镇重现沧浪之水
神秘　稀有的爱情
远离现代繁华的噪音
爱他　怎能忘记旧日的创痛
爱他　不用任何的承诺和索取
你只用饱含幻想的怀念
你只需牵动涵盖万物的视野

赠人（二首）

想你时

——给海男

我涉渡过你的海

却没嗅透你如血的潮

我跟随过你的自然

仍牵不到你象征的手

从此你属于北方

那长长的凄苦

是我长尾般的绳

把你永久地缠绕

你经历的每一片沙滩

堆满我的唿哨　石窟的手臂

把岁月捏成没有归宿的影

到我们的双肩

堆满密林

我们很累　我们累得

拥有了一切感觉

亲密的抒情时代

给海三妹

你还是悄悄地跟来了
谁也没有叫你　你还是像
长影一样跟来了

当我们在黄昏中离开你
你却再也走不出
那由你的眼纯化的
天——边——外
你在上楼时抚摸着感觉
脚步堆砌着梦中的塔
在迷失的路径
你栖息在无声的树杈下
你编童话编出了感情

第二章 倾诉·赠人(二首)

你还是悄悄地走了
谁也没有叫你
你还是走出了那个洞窟
并在石崖下收集了大片大片的源

诗和他

一

那么开始写你　风扑打着季节的边缘
第一次收留你的心事
因为黄昏欲言又止
我没有宽容于夕晖的幕布
有一种灰色的潜流亲吻你的鬓角
在一千次潮声的裂变中
我辨得出你如石的面孔
雨　掀响你冬日的迷恋
我终日寻找着一棵树
怀疑某种等待
倦怠于废墟的毛孔
那么开始写你
为板块和虚脱日益无语的你
在水的澜尾　脚步渐渐地迷离
我丢失了永无生长的宿愿
在我写你的时候　彼岸为我命名

二

我们不用布景

在我的血液漫流的夜晚

空气在轻轻地逃散

我惊异于那似曾相识的手掌

烟灰里热恋　虚空的日光林

垂涎于浪漫的灯影

一种玻璃的接触

撞响了所有的感应

那是你的房子

没有人知晓你潮湿的魔力

你窥视着一种渴望

远离何方又飘向哪里

在我告别你的时候

风陨落着诺言　我构思着你所有的展现

我的心绪　像树叶摇晃的黄昏

亲密的抒情时代

陷入的孤独　回首我沉默中动人的忧郁
你属于你么　我属于我么
我们同属于那撞碎的布景么

最后一次永留的形体
　　——致 H

一

是在午夜

在风声吹击着世界的触须

所有晾晒的思绪和物体

都掀动着骚乱的光尾之时

感受到一种无声的嘴唇里浸透的语言

是春天

是黑色的线条

挣动的鱼鳞般的夙愿

不知是栅栏还是铁梯

在黑色的阳光里布下了战争

那弯曲的白练

组合着手臂　赤足和荒芜的冬天

亲密的抒情时代

二

你平静地想起雨季
想起那由你的额闪现的金轮
有时　是由我向你提起的
那些流放的时刻展现的辉煌
那些沉沉的　冷而又冷的形体
包围着一棵树　一棵狰狞着目光的树
脚步凌乱地散步在冬天
冬天的期待　所有横躺在外面的世界
你的门在夜中总被吹开
那黄昏的酒神冷冽　孤僻却神秘
是在冬天
任何一种背景上
都分布着荆棘般古怪的手
在紫色的忧郁里
逃避着空白　疑惑以及深洼般阴湿的颤栗

三

你面前的偶像残缺不全
只有我的灵魂在完善花朵
是透明的部分　是所有的往事里留下的手印
空间日益离远
那些放飞的神秘
都在伫听你冲动的河堤
留下一个人在雨雾中

想起你　在所有眼睛后面
感受你放飞的黑色鸟群

四

那些房子
那些水晶宫般遥远的房子
以及那根擎天的树荫
还有那托着石头的彩带
或者是藏在记忆里的火绳
那翻不动的白纸
那些摘走又吹来的风翼

五

一片黑色

把高潮之水引向湖盆

那壮烈的祈祷

广博着一幅画　一座礁石

一烈春天的风景

都融化为最缥缈的部分

而海滩　烙满手印的海滩

贴近着痉挛　迷朦的夜

把那些没有回音的心抛向瞬间

黄昏中的 H

暮色中你坐在窗口下

大山永远也偷不走你的爱

都说你是贵族

第一次发觉你那样强健

你希腊式的鼻梁散布着迷雾

头发蜷曲着像任性的丛林

我猜想你的黑色幽默又将袭袭涌来

你发了一通牢骚后再也没说什么

你写了无数的诗而后进入酒里

那片高原该对你含情脉脉

但你说那儿语言不通而后紧皱着眉头

一切太孤苦你在白天进入梦里

夜里你捏碎了所有的影

他的上半夜刚刚有点来劲

下半夜马上厌倦而后你恍惚

这是为什么我们这一帮子四分五裂

第二章 倾诉·黄昏中的 H

爱情线密密麻麻横在理想国

可惜到头来谁也没有情感的归宿

你的声音在起伏中静静降落

这个黄昏的话题都蠕动成黑色花朵

当爱情在紫金花城市自由地舒展

那时我们会祝福你　你的荒诞

会在恬静的时空中找到家园

喜多郎音乐和一个人

依然是埃利蒂斯指上明亮的海

依然是海上繁荣的植物

依然是海面的躯体

音乐的翅膀垂落了

远方是时间的风

没有更多的言词　岩石

亦或黑色森林中寂静的冥火

第一个影子　第二个影子

第三个影子……

无奈的人生只不过如此

所有的语言已在艺术之狱

但丁死了

遗下的只是火的形体

我依旧活着

阅读着那些诗篇

抒情时代

一

风正漫漫走来

被拂散的皱纹

停落在意识的肤体上

像褐色弯曲的行云

我每一次赋予的风景

你都轻轻步入

并轻抚我广漠中凝滞的忧伤

最后　我看着自己

看着自己掠过你的树梢

以特殊的方式

让你迷失家园

一个梦的荒原　孤单的逃避者

那危险的种子

散落在意念摆布的沙滩

我将从另一个方向走向你

从梦的赤裸的原始之径走向你

亲密的抒情时代

二

从此　从此
只有我依托你灵魂的宿地
只有我的思念
像太阳后面漂浮的日晕
融着爱和圣水的光芒
只有我的手指
能画出你挺拔的神秘之躯
那些未曾开掘
闪映在夜中无人知晓的自然
那些想象
纷繁跃动的种子
只有我的祷声
像永无破译的象征之塔
每一个缝隙
都藏着一段古老的故事
在日益燃烧的表情中
只有我　像一枚秋风中的果实

来临与滋长

别再想象了

这想象停息在人的身上

像错误河岸上被风吹损的树冠

才华在那儿受伤

爱情和小鸟备受埋葬

天空的神色布满伤痕

别再想象了

那遥远的形象

永远进入不了视觉所展示的门内

在那儿　语句混乱

所有的瞬间

都郁积着黑暗的贝壳

死的歌颂

像阴影中逐渐展现的玻璃光亮

鸟的翅膀吞噬了房间

影哟　影哟

亲密的抒情时代

已飞升为缥缈的一部分
但依旧那样厚密　沉滞
不可阻挡　仿佛是一种拯救
以最单薄的色调敲打出浓烈的疯狂
而那些场面
那阴沉的水滴
预示着在开始的原野上残杀的爱情
如今轻轻就成了一个时刻的祭品

白色湖

一、浮光苍苍

第一次没有了方式　自由的伏潜
开创流途　你摆脱的时候
诱惑散布着种子　随夕照
在你的背景中悲壮地撒落
寄予一种年龄摇摆的风光
你的第一步就踏落了整个白天
那是哪里　一双手臂划出的风景
开始着一种遗忘岛的拯救
放开啜泣　那种旷古的沉寂
落满唯一展开的一次灵魂
遮挡潮汐的是沉沉的黑夜
有一种燃烧的死期再生着记忆
宿地有多宽　那是没有禁区的
域外　抖动着潮汐的地方
是对梦境的一次深入
你接受着湛蓝的孤苦

二、退回的声音

那么　别封合眼界迷茫的苍凉
别在血液漫过喉管的时候挣断呼吸
别在伤痕停落的时候雕刻我孱弱的形体
别让我颓然垂下的手臂接受战栗的孕体
爬行着的时候　渴望轻轻敞开
冰凉的区域　预示你的全新魅力
借惨厉的风景　扑伏所有冲动的纯真
收拢的仅仅只是微颤的呼吸
你是我明澈的痕迹　引我溃逃
那么　别松散我伤痕累累的肌体
别让一种颜料在招摇着疯狂的色彩时
永远匿迹

三、持续的暗流

于是注定有一种刺痛
在预言的尾巴上停留
弥漫五指的记号
恍惚于漆黑的血管
在接受放逐的时候
聚合着最后的疲惫
你再没有力量攀爬神秘的地洞
开启的是你欲望的最后喘息
你在鞭策你雄性的深深脉迹
逃不出的古树依附着你的狂升
你触及的一切是你匆匆涉足的悲剧
灵魂出窍的肉体
在你的苍茫中深埋
结局已很明显
你的第一次注定止息
在坠落的幽深谷底

亲密的抒情时代

你滚滚地畅落
你不知道第二种方式
又将倒向哪里
在你倾覆的沙地上
有着一半黑夜

四、梦的颜色

全是液体　全是落难的血肉

在一种召唤中走出

在幽雅的冥界

和一个幽魂的影子约会

那诞生你愁绪的点点滴滴

无须用抽象的指纹构筑

那通过栅栏摇落的方向指向的古塔

是你的第二宿地

象征树在开放中次等苏醒

公开着灵光闪闪的幽秘

你幽远的黑色童话

在野笛的哀怨中光荣地明晰

闪过你的头颅　在恐惧而又

销魂的起落中

呼唤着一个情人的名字

亲密的抒情时代

五、永远的白色湖

待生命交出了骚乱的诺言
你会亲抚一种丧失
沉淀你依旧燃烧的峭壁
模糊的夜晚　绕开纯金的智慧树
听一种启示比雕像更坚硬
回顾四方　风从草叶上
跃过灵魂睡去的隐秘
在时间创造的流动中
把手臂轻轻地合拢
你从没玩熟过那梦中的神圣
那唯一的词
会临近自由的漂泊　那种虚幻
在茫茫黑夜　涌动时光的潮

第三章
游离之诗

赤道（黄河系列组诗）
——谨献给我们的探索

一、遥别

横擎着白昼的最后一隅，
铁轨把我甩向地球的另一端。

思想跳跃在飞逝的黄土里，古老的
母亲之躯哟，你神圣的眼瞳钻进了
忽隐忽现的女孩的影子，钻进那
从此吟喃的十九岁短暂的逍遥游
与魂萦的视线捕捉的日出。

高原，高原——
没有告诉那悄悄离去的身影
总是，总是在迷乱的呼吟中
把手臂伸向未知的

亲密的抒情时代

黑色古道——
我的苍宇,我的赤壁。

陡峭的脊背散发着冷冽的气体,
吻出你便吻出千古的气息;吻出你,
爱与梦便进入褐色的肌体。

二、祭礼

你已经使我永恒,已经让我在离去时
懂得你的无声话语,
因此,我来了——

那雕化河源的土地,
弥漫我的沉沉思絮。
莽原。我的红风衣飘荡在灰色的
古老额头,从踽踽跟跄的红袍人流中,
我的歌多了一幅摇惑着的虔诚。
菩提树冰冻着沉重的年轮,
拽着帝王的手走进金殿,
膜拜的眼泪,
播洒朝圣的印迹;
飞旋的人马壁画,闪现着那远古
滔滔的记忆。

亲密的抒情时代

哦,轻轻,轻轻——
不要惊动那困惫的酋长,
那遥远部落的王身。

三、躁鸣

还没有，从来没有表示过那躁动的情。
可我一直在躁动啊，
背负着南方的梦幻，
在冥冥的鼓浪之中从此回归
枯燥的群山。

在浪迹的无涯中掠起雄性的狰狞；
是栖息的天堂吗？你的啼鸣流产了
多少雌性的生灵；
是青色的汁液吗？你的浮荡道出了
多少穿透的峰峦。

没有一张画可以概括那种平静；
不，不是平静，
是纹露的撕鸣冲开的溯源。

河源，河源——

四、旷影

感受到你的旷野燃烧着绞刑般的幽光，
感受到你的草原滴洒着赭黄色的圣水，
感受到你俯卧的躯体如跳跃的白色星座，
感受到你僻静的彼岸如牧歌的传说。

我，我——
我无法描绘你哀伤的眉宇
煽动的黑色旋风。

昨天。浪游的莽莽荒漠搅动了你
刺骨的神经，草原送给你忧伤的小母亲，
雪山的峰峦降生你的白唇鹿，
拽着冬天的梦走进魂源。

那个故事已经走远，
伴随着日月的疯狂陷进草地，
可你，你却唱不尽那穹窿里埋藏的记忆。

五、幻源

沉重,伴我在孤独的星火中劫持了那
渴望的涅槃,骚动的肺叶在冷栗的
颤恸中流离着光束,
曝晒我潮湿的欲望,
洗沐燃烧的胸乳。

我知道,我永远也无法拥有你,
无法在深切的召唤中引你走进我
草甸的牧壤。

我知道,最终——我仍旧无法解开那
束紧在暗夜里的缰绳。

这是一页没有阳光的布景,
连你深褐色的流莹,
也躲藏在回归的流程中,

亲密的抒情时代

躲藏在我没有经过的驿道。

我已经习惯孤独,
习惯在原始的回声中
写下凄清的浪迹。

源头。马蹄莲的岛屿。
当狼向我走来,雄狮向我走来,
拨动着眼帘的是人性的注视。
马。栩然走进猎手的领地,
我听到拉姆[①]在呼唤高邈的湖天

我醒了——

---

① 拉姆,藏语"仙女"的意思。

六、遥情

没有一张遥远的构图留存我的湖泊，
没有你深邃的眸子陪伴我的瞳仁，
（——在没有思想的日子里）。

而在遥远的地平深处，却突崛你
有力的脊背，送来你遥远抚慰我的
足音，连同灰色的云絮
一同洒入冷厉的荒野。

我听到了你远方的问候，
听见了那为我的行程，
在风雨中摇撼千古的你蔚蓝的天际中
神圣的浆流。

高原。我干裂的嘴唇在沙哑的喉声中
颤动你年轻的名字。

亲密的抒情时代

我知道,你迢遥的注视
将牵引我缭乱的感受,
为荒原的暮日,
摇醒晨辉的濒临。

癫狂的大蓬车队,满载一身慵倦
一片饥渴,
驶入笼罩着黑色帷幕的大漠。

在狮足狼印的荒沼上,
我低垂俯视的头颅,
在雹体的叩击声中隐隐恍惚你
千里的呼唤。

荒原,把你我的声音一齐收拢,
悠远的红木筏,漂入湖心再没返回,
再没停下来完成那首未完的情诗。

而你远方的祝愿却一直向我靠拢,
向我靠拢,
直到那温热的鼻息窒息了我的荒原。

七、帐房

远方。
蓝天，白云和幽秘的草滩，
通向你的路是古老的回升。

带着迷失的荒原绿意，
是去涉渡天堂的小径吗？
是去膜拜地狱的鼓声吗？
还是去采撷远古的爱情。

你强大。巍峨的大山是你的城墙
你自由。没有任何回声窥视你的伫立。
你抒情。你的庄园是世纪的旭日。

生灵。用它毛绒绒的身体抚慰着你的城堡，
那狂吠的呼叫里汇聚了多少人性的血淋，
你保护着你的主人，

亲密的抒情时代

你保存了多少爱的史迹,
你隐秘了多少原始的脉络。
而你永远在迁徙,你永远在转移你
眷恋的视线。
伴随着蹒跚的高原乐队,
去找一块岁月的四季,
繁衍剧痛里的眼帘。

八、界碑

让我们的冥茫之界载着鹅黄色的思念,
把你的身影流放到我的雪风之中,
放牧迷茫。

雪,销魂的呼啸。
没有你的回声回吟我苍苍古练的
大漠炊烟,没有你的呼吸冻化我
漩流中负重的辙印。

你,你是谁?是永远也无法
切磋的沉痛,是远离我千里迢迢的魔笛,
是压抑的十字架,是兀立渊源中
怅望的藜蕨?(可我是裸着双膝披着白霜去
千里朝圣的小姑娘呀!)

雪,真大。每根睫毛都挣扎在雪里。

亲密的抒情时代

初恋。什么也没有,
什么都隐藏在银辉色的灌木丛中,
什么也看不见,
什么都流落到旷世的路之路、雁之雁中,
流落到那满目深渊的荆棘里。

呼唤是一种背负大地,背负太阳的
漆黑的流浪吗?
不,我没有,我不是。

挂着惆怅的微笑,我注目于那拖曳着
长尾的马鬃。那个王子已经远去,
甚至没有听见那漂泊,翻越那天,
没有听见
那坍塌的愁思凝练的汩汩泪迹。

然而,我依然是我自己,我依然
回答不了自己。只有这雪。
只有这雪,飞翔着红翅膀的寒冬。

九、诗人

像一首清新浪漫的月光曲，
遥远的地平线储藏了你的传说。
戈壁滩的风沙弥漫了茫茫时空的
未来画面。

像梦一样出现，幻化，升腾，
而后缓缓向你走来。

那个历史连着载重的日出
一齐拥向了你。
那时你仿佛是地平线上
旷世的岩石，没有呻吟脊腱伸于
蓝天的帷幕，爱与死便结下了
永恒的姻缘。

从此你走进那个时代。

亲密的抒情时代

从此你无法超越。

但诗神并没有忘记你,
你也没有忘记他。因为有了他,
你从此一发不可收拾。

没有爱的时代里产生了没有爱的爱,
没有爱的世界里诞生了
黑白颠倒的故事。

尽管,你的诗似乎是想象之王国,
纯而又纯,但你的爱却逃得远远;
尽管,你永远的孩子气总是跳跃着
潺流的清泉,但你的触角却在抚摸疼痛;
尽管,你似乎每时都在爱,在寻找,
但你却更在悲哀、孤独中踽踽
无声地独行。

你爱笑的眼睛里隐藏着多少情韵的泪丝,
你脱离轨道的爱藏匿着多少忧伤的自我。
而你,诗人,
你却在不羁的旅程中,觅拾火的荒耘。

十、女笛

山坡。啸冽的风触摸着我们温柔的嘴唇。
她又在吟喃了。躺在地上,
她的思绪一进入天国,
就什么都忘记了。

嘴里,吐出长长的诗卷,
像烈性的醉酒,
掀动高原灰色的情调,
动荡大地的胸腹,
刺激着地狱的呐喊,
扇动了深蓝天影里飘荡的云彩,
幻化古老美丽的倾斜曲线,
挥洒朝圣的腥风血雨。

她永远只富有吐出——
吐出别人永远也无法吐出的

亲密的抒情时代

太空的音乐，吐出别人永远也
无法想象的地狱的影子，
吐出别人永远也不富有的
爱的暖流和血书。

而我，在惊叹于她那征服
所有人和景的迷人的天姿时，
眼泪却在瞳仁里簌簌流动。

她的每一次起伏的呼吸，
她的每一次停顿后的眼神，
以及她每一次怅然后的哀叹，
也像这荒凉的草原一样震动着我的心野。

哦，诗人。谁是你呼唤大山的歌喉呢？
谁是你吮吸日出的逆光呢？
谁是你畅饮中忧伤的天神呢？
谁是沐洒你天性的玉灵呢？

他似乎在你的呼唤里，
似乎在没有驿站的古道上，

似乎在永远也抓不到

永远也看不清的朦胧里，

似乎在大海的腹腔里，

在古三角的背景里，

或者在没有名字的神宇里。

当你拿起那空空的酒瓶，

祭奠着他们那从此安身的墓礼时，

你的吻印早已复合了他们的王灵，

纯美了他们人性的浆液，

净化了那沉醉千年的荒原梦。

云絮开始祈祷婚礼。

就这样甩着手臂描绘告别。

在留下来一片动人的风景时，

你仍然会走，

你仍然不知道你的驿站，

你仍然只得去重新经历。

十一、醉魂

在我无数次呼唤你的梦中,
我的草原传出了渴望的啼鸣。

而这荒野,这浮透所有情欲与意念的
胸腹的辽阔的草地,
这闪过所有飞逝的怀念和痴情的
无垠的雪原,
那像云絮一般奔腾的羚羊。

斑斓的小天使呀,
你的天空似乎永远没有阴霾的愁云。

我本是迷途的小羔羊,
在飘飞的诱惑中走进帐篷,
在酥油茶的酣醉中摊开速写,
而后幻想那一片紫铜色的荒原,

那富有象征性的雕塑。

在毁灭的冲动中,
我的翅膀的神羽早已抒写着那
莽野的交战,
为神明的赐予滴洒朝圣的泪滴。

而你,你总是一堵横立着的石壁呵,
在你的腹背,我不知道,
你是否写好了那献给我的哈达,
是否束上那我无法猜知的
你的小小的微笑。

是的,小小的微笑。

我不知道,通过很多次幻化的邂逅,
你是不是还那样拧着你的小金鹿,
在无言的对话中向我传递你的荒漠,
你爱的红骆驼。

还有你,你那不知道回头的影子,

亲密的抒情时代

是否走进了我的牧野,

走进了那献给你的赞美诗中。

在我无数次呼唤你的梦中,

我的晨曦燃烧着动人的赤红。

十二、荒原壁

到时光把深冬的白色童话
湛上琥珀色的浓彩,
我的回忆在无声的沉寂中窥瞰,
俯吟的眼睫垂向那无际的旷野
布下的狂飙。

那时何处是你的宿地?
你的风残的城堡,
瞑醉的帝王沐洒了十九个
蓝色的梦寐的步履。

那个为神而缔造风景的形体
早已变成茫茫的原始时空,
夜色山峦已被水晶的色彩凝聚,
在远山的困挠中陷落的冰湖,
已渗进踽行者孤魂淋漓的情欲,

亲密的抒情时代

新生的潮韵在无形中,
昭示无数暖色的律动。

你,连同你和棕色雕塑,
一齐伫立在野马滩的身影,
那时又在何处闪现?

连同你的和着赤裸的荒原
一齐洞开的瞳幕,
将在何处邂逅。

回音壁滴落着纷泻的歌谣。

十三、原始之境

史前的原始路径,
残留着那个萧索的末年塑造的骨骼,
车辙的痕迹已被遥遥走来的旅人带走,
铺在结冰的画布上,
或在地流的收缩中溺入古海。

回声远去。
你丛林般的眉宇悚动在天际的尽头,
那儿有冰山的寒气缓缓袭来,
带着卷走你和你足下的荒冢的
威慑的气势。

远山的雪峰在巍巍欲动,
通过形与色向你传递呼唤的噪音,
那是惨白时期最好的宣言。

亲密的抒情时代

昏晕的烈马跑上山头——
通过虚幻的元素亘亘预示,
那折碎的浪花不是眼泪,
扭曲的山崖也不是群林,
更没有从沼泽里回归的天禀。

作为迷惑的再现中触及的联想,
那终极的崖岸是否是真实的音响,
疯狂的雷声播洒着召唤的暗流,
苦难和璀璨的秘密都得到时间的破译。

等待是最后的太阳么?

十四、旷世迷茫

不管怎样，
亿万年后我向你走来，
重新拾到的是那残落在
秋原上的碎片。
你还在那里赋予你那些交叠
着血印的肉体以自由的洗炼。

蓦然回首，失踪的雷击
再一次陷进命运不祥的摆布……

孱弱的夕阳颤落了，一片黑暗。
只有冰河的反光在制造一次意境。
摇曳的呼吸凝滞在隐伸的边界。
收拢的是那碰撞在赤色胎宫里的荒乳。

残酷的浪迹——

亲密的抒情时代

那时是在哪里,在哪里
更新一次阴郁的分娩,
夜色红袍鼓胀着旷世的迷茫。

循着潜液的涌动走着。
孤独的椴树,
叙述着水草的哀歌,
惯性的山峦又一次敞开干裂的躯怀。

造化背景
——《高更月亮与大地》《原始之诗》与《自画像》

一

当纯色的欲望在曲伸的枝杈中挣脱，
自然恢复了原始的渴求，
那深插地下的根叶感受到
红色血液倾心的输入。

那缓缓流出的泉源
闪动着远古的磷光，
风化着因抑郁的太阳而
日渐僵固的岩块，
赤裸的月神收留了
那渐渐形成的雏形生灵。

亲密的抒情时代

活着的是那需要表示而日愈前伸的唇。
那斜插进黑色深渊里的金黄的手臂,
那能勾画出受难的基督的脚趾。
原生的雄性从圆形的光圈中走来,
四周却镶嵌着黑色的黏土,
那丰沃的野山增殖着长生的潜力,
降临和再生都预示着力的嚣张。

二

在火的感觉中传播着福音
血色的布景：不只是为虔诚的
人性招摇的幻化，也是在深印的
毛孔中雕筑痛苦的波纹。

深藏的暗部：不只在掘进
无形的潜影，也是在酝酿的晚影中
飘散一切始初的魅力。

而在那火的背景里隐隐约约
再现的痕迹是什么呢——

灵魂说：是神，是把我从地狱中拉出来
再加进自然中的神。

亲密的抒情时代

三

你画架的背后,那由万种凝重的色块
构筑的悬梯是——绞架!是绞架

是穿透了无数畸形的自然,
再造了无数微妙玄光的绞架。

那么,还会有一条生满枯叶的小道
通向你黑白梦幻诞生的木屋,
朦胧的远景是壁画的窠穴,
曲屈的树影投向沟壑的底部,
偶有披着黑色礼服的老妪穿过你
孤独中竖起的栅栏。

你所有的偶像都汇集了,
汇集在你目光浸染的色彩里,
那时你异常的平静,

但你的眸子依旧潮湿

你在想：那纯净的幻象，
在我的梦里和自然的神光结合着。
你在说：这是否是涅槃境界的预先尝味呢？

蛮荒的岸进入了无法苏醒的黑夜，
寂静中的塔希提岛掠过幽灵似的记忆，
受难的白马被凝固在长流的水中，
海和高山，以及那金黄的人类
都浮现在原始的丛林之中
"我们从哪里来？我们是谁？
我们向哪里去？"

新赤道（三章）

夜悟

或许，那最终的完成依旧属于你的版图
你的曾经否认过的，哀伤或者
残杀过的混乱的困惑。

被沉默的积淀扭曲的想象，
开始离开吆响的梧桐树。

离开和走近都像黑夜般漫长——

在夜被守言人夺走的时候，
你是否在制造一种脱轨的氛围，
想起那由影像发动的战争。

或许，那始末的传说依旧
折磨你的额廓

第三章 游离之诗·新赤道（三章）

你的曾经拒绝过的，
突兀或恍畅过的潜溺的帆船，
苍穹的寒栗搅断的白色翅膀，
已经漂游在祭葬的水族之中。

发现和忘记都是同样的艰难

或许，依旧是最初的馈赠
使你历经冰川后，
最终将你扣留。

141

亲密的抒情时代

独 韵

当然，你可以尽情独造一个
自由的空间，可以携着你
瞬间臆想的风景随意穿梭。

雨夜完全拥有你需要的白色窗帷
和残余的呓光。

或者你还需要失落的光临么？
也有！微光是红的，
足以使你收住脚步。

你很难猜想，忽明忽灭的飘动
将是你从此触及的布道：
感性的丛林密布创世的情网。

寂寥的旷野远去，
把完整的云块抛递给你的沉重，
由于错位而爆响，
最终留下默契——

酷夏已远，那交叉的忆念已在
季节的回归线中重新连接。

深冬是一个怯懦的幽灵，
却贮满了升腾的浆液。

当然，还得等待，
沉默原本是修长的径藤，
伫立的口岸，没有音响。

只能向夜，向没有坠落的夕光……

亲密的抒情时代

久违的浪

我已经呼唤了好久,漫长的旅程
使我停止了一片浪的箴语。

其实根本就没有方式,
迟归的晚祷已向天空洒下淋淋风暴,
那挽着飓风徘徊的彼岸
已填溢着苍郁的殉道之林。

也许永远不会腾燃红色的火焰,
等无声的野山生出盘虬的臂膀,
等到流窜的浪人再也无法
挣脱蹒跚的驿道……

又一次被围困在已经消失的雾海里,
惊悸的目光重新审视一片灰白的迷茫。

或许第一次早已预示了
龙卷风盘旋的狂浪。
或许第一次注定尾随你每一个
滂沱的涨潮留下的混沌。

你无法设置一片静谧的空寂,
甚至连缩影也在无形之中明晰。
你的强悍恰恰是你在吞咽着
树叶的时候,展示灵魂的悲剧。

最终你会哭泣……

旅程（组诗）

一

在黄昏的窗帷下，
我们如此宁静。
季节的朋友看过我，
而后悄悄离去。

夏天，用酷热的手掌
控制了我的一切渴望。

我收到一封封信札，
我曾经爱过的男子在
宣布他的红色婚礼。
从此，文字是他们唯一
能够出示的对我的爱意。

我的长发摆动的声音

静静地留在暮色中。
我要为我的春天,
为我再生的歌喉抓住一些
意义的旅程。

然而,我还是抚摸着那哀伤的音乐。

我敏感于那个名字,
那个名字会敏感地走近那些文字中,
那些我们唯一拥有的,
永远无法抛弃的文字中。

我们没有丝毫相似的地方,
除了那些符号、那些符号。

甚至没有一种厄运在一丝一毫地
传播那些各自的时辰。

那些矛盾的夜闪现的是
横隔在我们中间的不知名的战争,
那些战争让我们分割记忆之水。

亲密的抒情时代

二

我曾经爱过的男子在离我远去。
在喧嚣的都市,他们的部落正
渐渐地走进家园的礼赞之中。

在诗的国度,
男子们的家园是一种需要。

我和我那些远方的女友
在哭泣中被家园抛弃。
最终我们逃离了命运,
我们孤零零地守在墙角。
唯一的光亮是那些闪映在墙壁上的感觉。

那些诗的花瓣忽隐忽现回荡在心灵,
心灵的巫术以聪颖的面目
抚摸着我们的创伤。

待我们的眼角被时光的风充满,
情人,你的爱人正以温柔的姿势
欣赏你的所有魅力。
你的所有魅力展示在你的家园的城堡。

在呼啸之林,唯我珍藏着你
徘徊在暗光中的幽魂。

亲密的抒情时代

三

无数个夜晚,我等待着敲门声,
等待着那唯一的目光看一看我,
仅仅用一种莫名的方式,
回到我欲望的分秒。

而后,我用一种无言的微笑
把他送下风景,看着他的身影,
消失在我不知道的他的宿地,
他的迁徙的家园。

我想象他的白窗,
布满斑斑驳驳的树影,
我想象他的门,
充满天空湛蓝的色彩。

第三章 游离之诗·旅程（组诗）

他一人的时候抚弄着那些
抽象的烟蒂，
他灵魂走过时，
那些苍白的浮云。

我只想象他一人的时候，
我的命运载着他隐藏的忧郁，
穿行在空中，
我只关注他忧郁的时候。

亲密的抒情时代

四

哦,当我逃避时,
是我的手挂在了夜的湖边,
是我的眼停在了记忆的张口。

当我逃避时,
是我所有的生命微弱之时,
是我的神经狂热在
没有阳光的背景之时……

这时,我那孤独的影日益苍老。

我是一个深藏着无数等待和
燃烧之火的女人,
我那皱缩的情感,
铺满了美丽的花环,
只要有人敢走向我,

第三章 游离之诗·旅程（组诗）

我的创造的深井将喷发出烈焰，

随着沸腾的火苗，

我的灵感将冲出尘世，

捕捉到神的启示。

所有走进我的灵魂，

都因我而充满诱惑。

亲密的抒情时代

五

那黄金的方块通过我的衣服
传入我的肉体。
那些厚重的板块镶嵌在
我通畅的旅程。
我的最终方式依旧在沙漠中
得到表现。

我是一个永远都无法厌弃沙漠的人。
我所有的皈依都联系着那种苍凉。

那个我日夜等待的人没有来,
他的飓风的尾翼穿过我的黑色沙漠,
以一种不易察觉的响动就
通过了我的宿地。

第三章 游离之诗·旅程（组诗）

我深色的喘息在晨风中酝酿着一支歌，
一支默默无影而又充满蛊惑的歌。

我的目光是阳光下冷冷的箭镞，
只有走到深深的底层，
才能找到他忧伤的根源，
那是深渊中惨厉的魅力。

亲密的抒情时代

六

我的世界唯有这一天如此灿烂。

我突然变成了一只在午夜中
摸索着行进的吉他,
我循着它的琴键走到地球的第六级,
那里所有的音符光耀无比。
那里东方是一片无垠圣洁的国土,
载着我的歌喉日夜穿梭。

在大河的蓝光中,
我的黑森林密密层层,
我所有的视野中都充满了影子,
其中我的指纹通向了四极,
我的智慧连同我那随着时光变得
疲惫至极的肢体,
舒展成大地的一部分。

第三章 游离之诗·旅程（组诗）

那时，我是无数低低升起的音符，
在缓缓的节奏中
那没有爱的荒原轻轻地走向了人间。

七

在通往暗地之前,
你是我苍白的手掌。
仅以一种轻轻的对视,
就让我选择了命运的逆旅,
却没陪伴我黑夜的孤寂。

花是灵魂陷落时凋谢的,
只有一个短短的暗示,
就进入了冬天,并在南风的屋顶上,
完成了远方的对视。

可那是梦的沧海,
那是引领我的感觉,
日夜行走的召唤声。

第三章 游离之诗·旅程（组诗）

是一种毁灭的预兆，
在创造意境时让我无法认清
价值的回声，
更难以循着灰色的天幕
找到我的天国。
我诗歌的温柔全部寄托给日光，
没有水也没有人。

亲密的抒情时代

八

我几乎又一次迈进了那道门。
我用最大的力量控制了
那次早生的抉择。

我又一次把自己牵向新的墙角,
长长的藤蔓恢复了她再生的年轻,
她那毁坏过的面孔,
一夜之间就得到愈合。

我的视野扩散开去,
我生命中的每一角都充满了故事,
我灵魂的每次战争都是血的偶像,
代替了我童年中那诗意的触角。

第三章 游离之诗·旅程（组诗）

无数次我迈向了高潮，

我以为我结束了童话，

那史诗的颜色引我进入偶像的黄昏。

失去的和毁灭的，

都因我那长生的情感而永生。

红潮

这是由辽远的林带播洒的色彩,
你迟归的谣曲终于挥洒涌荡的狂潮,
把我的心一齐载入南方。

我深深地爱着你,
即使心灵的天空聚满了苦涩的暗流,
我的声音呻吟在流放的旅途,
阳光的箭镞横立在我流泪的视野;
即使等到高山与海洋在远久的
沉默中曝晒成无色的灰烬,
那久居的乡思在孤独的行吟中麻木、凝固。

请把我的灵魂托起,
把那抑郁了几个季节的眼帘托起,
让我感受到那属于我们的呼唤的潮汐,
让我在无力的垂眸中喃喃你
遥远而又熟悉的名字,

让我忧伤的头颅在触抚你岩石的
臂膀时能够感受到那永恒的韵律。

我深深地爱着你,
我深深懂得这呼唤的疲惫。
在最终依旧没有赶走你身影的痛苦里,
我深深地懂得是你把我拉进了
那泥泞的爱河,
是你那无形的偶像般的身影
带我走进那无法挣脱的轨道。
尽管你始终没有走近,
你始终在那儿任我日益孱弱的身影
消失尽最后的余晖。

我深深地爱着你。夜已宁静,
而世界和人类已进入酣甜的梦呓。
那么,让我们开始进行夜游的足迹,
开始进行那无声的凝视。
在忘记一切伤心的苦恋时,
让我们从狂热的触抚中感受到那
无言的叙述,
让我们彼此听懂那各自的故事,

亲密的抒情时代

包含着情韵、痴恋,
包含着忧心与苦涩的寻觅的回响。
让我们从各自的温情中体会那珍贵的情感,
体会那来之不易的心与心的贴近,
体会那永远多情的沙滩与岛屿。

我深深地爱着你,
我深深祝福你每一次明天的
跋涉和寻觅。我相信,
即使我的一切都失落在荆棘丛生的野道,
而你最终会伫立在我心目中高远的境地,
我会捧着你年轻的韶光,
辉映出人生的奥秘和爱情的真谛。
置于你放飞神鸟的荒野,
我会激动地倾洒泪滴。

我深深地爱着你。黑夜已静,
天空与大地送走了最后一抹昏暗的流云。
而你呢,
你那隐隐浮动的气息是朝我涌来的么?